edition taberna kritika

Die edition taberna kritika wird vom Bundesamt für Kultur (CH) mit einem Förderbeitrag für die Jahre 2016-2018 unterstützt.

Friedrich Nietzsche
«Also» sprach Zarathustra
Zählung, Dichtung, Diagramme
Bearbeitete Fassung

http://www.etkbooks.com/

Gestaltung: etkbooks, Bern
Coverillustration: Hartmut Abendschein

Bibliografische Information der Deutschen Nationalbibliothek: Die Deutsche Nationalbibliothek verzeichnet diese Publikation in der Deutschen Nationalbibliografie; detaillierte bibliografische Daten sind im Internet über http://www.dnb.de abrufbar.

ISBN: 978-3-905846-50-8

Friedrich Nietzsche

«Also» sprach Zarathustra

Zählung, Dichtung, Diagramme

Visualisiert von
Hartmut Abendschein
Mit einem Nachwort
von Frank Fischer

edition taberna kritika

Inhalt

Zählung

Inhalt

Von alten und jungen Weiblein	16	24	**62**	69	**90**	**93**	
Vom Biß der Natter	22	**69**					
Von Kind und Ehe	9	**85**					
Vom freien Tode	8	8	19	22	93	101	**112**
Von der schenkenden Tugend	8	14	63	102	106	159	**203**
Zweiter Teil.	2						
Das Kind mit dem Spiegel	11	30	**111**				
Auf den glückseligen Inseln	5	41	67	**110**			
Von den Mitleidigen	23	49	93	**102**	**118**		
Von den Priestern	17	40	**110**				
Von den Tugendhaften	9	41	76	86	102	**136**	
Vom Gesindel	28	51	98	**107**			
Von den Taranteln	12	26	36	38	56	119	**138**
Von den berühmten Weisen	17	**118**					
Das Nachtlied	35	39	62	83			
Das Tanzlied	53	94	**108**				
Das Grablied	5	48	**59**	93	132		
Von der Selbst-Überwindung	4	73	116	132	**141**		
Von den Erhabenen	10	**108**					
Vom Lande der Bildung	27	53	60	**78**	**108**		
Von der unbefleckten Erkenntnis	36	44	65	**122**			
Von den Gelehrten	32	46	73	**87**			
Von den Dichtern	**128**						

Von großen Ereignissen	25	35	105	126	144	**162**	
Der Wahrsager	28	102	133	150	**156**		
Von der Erlösung	4	16	18	21	24	102	107
	125	140	146	150	154	**194**	
Von der Menschen-Klugheit	**34**	**122**					
Die stillste Stunde	23	118					
Dritter Teil.	**2**						
Der Wanderer	**69**	**95**	**130**				
Vom Gesicht und Rätsel	9	19	41	134	146	157	196
	197	**214**					
Von der Seligkeit wider Willen	8	32	57	92	126	**137**	
Vor Sonnen-Aufgang	83	**127**					
Von der verkleinernden Tugend	6	216	**235**				
Auf dem Ölberge	132						
Vom Vorübergehen	2	12	96	**120**	122	**137**	
Von den Abtrünnigen	35	57	95	122	**133**	142	156
	162						
Die Heimkehr	100	**145**					
Von den drei Bösen	11	34	41	**197**			
Vom Geist der Schwere	40	44	49	62	70	87	101
	172						
Von alten und neuen Tafeln	44	45	111	122	138	219	270
	459	555	591	626	735	**782**	

Der Genesende	7	54	80	**190**	271		
Von der großen Sehnsucht	73	**112**					
Das andere Tanzlied	81	**127**					
Die sieben Siegel	16						
Vierter und letzter Teil.	**2**	**9**	**15**				
Das Honig-Opfer	25	48	90	104			
Der Notschrei	108	**153**					
Gespräch mit den Königen	131	**172**					
Der Blutegel	8	20	**71**	**139**			
Der Zauberer	21	145	187	197	**224**	236	**265**
Außer Dienst	20	59	**63**	**75**	**191**		
Der häßlichste Mensch	7	41	**64**	75	**174**	**194**	
Der freiwillige Bettler	5	**56**	**66**	**126**	127		
Der Schatten	**16**	**34**	52	**114**	**143**		
Mittags	26	**119**					
Die Begrüßung	37	39	**77**	126	**147**	**224**	
Das Abendmahl	18	47	**74**	**80**			
Vom höheren Menschen	263						
Das Lied der Schwermut	**64**	140					
Von der Wissenschaft	2	**22**	**77**	**116**			
Unter Töchtern der Wüste	**48**	88	92				
Die Erweckung	41	**69**	100	110			
Das Eselsfest	19	**149**					

Das trunkne Lied	**39**	47					
Das Zeichen	**37**	80	**133**				

Die Zahlen entsprechen der Zeilennummer unter folgender Wordformatierung:

Font: Times New Roman
Punktgrösse: 12
Seitengrösse: 12 x 19 cm
Seitenränder: jew. 1.5 cm

Insgesamt taucht das Wort „also" - gross oder klein geschrieben - 331 mal auf. 108 mal in der Phrase „Also sprach" (=32.6%, in der Tabelle fett, in der Dichtung rot dargestellt.)

Dichtung

Also

Zarathustras Vorrede

also

Also

also

also

also

also

also

also

also

also

also

Also

also

Also

also

also

Also

Also

also

Also

also also

Also

Von den Hinterweltlern

Also

Also

Also

Von den Verächtern des Leibes

also

Also

Von den Freuden- und Leidenschaften

Also

Vom bleichen Verbrecher

Also

Vom Lesen und Schreiben

Also

Vom Baum am Berge

also

also

also

Also

Von den Predigern des Todes

also

Also

Vom Krieg und Kriegsvolke

Also

Vom neuen Götzen

also

also

also

also

Also

Von den Fliegen des Marktes

Also

Also

Also

Von der Keuschheit

Also

Vom Freunde

also

Also

Von tausend und einem Ziele

also

also also

Also

Von der Nächstenliebe

Also

Also

Vom Wege des Schaffenden

also

Also

Also

Von alten und jungen Weiblein

also

also

Also

also

Also **also**

Vom Biß der Natter

also

Also

Also

Also

Also also

Also

also

Also

Also

Also

also

Also

also Also

also

Also *Also*

Das Kind mit dem Spiegel

Also

also

Also

Auf den glückseligen Inseln

Also

Also

Also

Also

Von den Mitleidigen

also

also

Also

Also

Also

Von den Priestern

also

also

Also

Von den Tugendhaften

also

Also

also

also

also

Also

Vom Gesindel

also

also

also

Also

Von den Taranteln

Also

also

also also

Also

Also

Also

Von den berühmten Weisen

also

Also

Das Nachtlied

also also

also

Also

Das Tanzlied

Also

Also

Also

Das Grablied

Also

also

Also

also

Also

Von der Selbst-Überwindung

also

also

Also

Also

Also

Von den Erhabenen

also

Also

Vom Lande der Bildung

also

also

also

also

Also

Von der unbefleckten Erkenntnis

also
also

Also

Also

Von den Gelehrten

also

also

Also

Also

Von den Dichtern

Also

Von großen Ereignissen

also

Also

Also

also

Also

Also

Der Wahrsager

Also

Also

also

Also

Also

Von der Erlösung

also

also also also also

also also

Also

also

Also Also also

Also

Von der Menschen-Klugheit

also

Also

Die stillste Stunde

also

also

Also

Der Wanderer

Also

Also

Also

Vom Gesicht und Rätsel

also

also

also

Also

Also

also

also also

Also

Von der Seligkeit wider Willen

also

Also

also

Also

also

Also

Vor Sonnen-Aufgang

also

Also

also

Also

Also

Also

Also

Vom Vorübergehen

also

also

Also also

Also

Von den Abtrünnigen

also

2

also

also

also

Also

also

also

Also

Die Heimkehr

also

Also

Von den drei Bösen

also

also

also

Also

Vom Geist der Schwere

also

also also

also

also

also

Also

Also

also also

also

Also

Also

Also

Also

also

also

also

Also

also

Also

also

also

also

Also

Also

Also

Also

also

Also

also

Also

Also

Also

also

also

Also

also

Also

Also

Gespräch mit den Königen

also

Also

Der Blutegel

also

also

Also

Also

Der Zauberer

als

also

also also

Also

also

Also

Also

Also also

Also

Also

also

also

Also

also

Also

Also

Der freiwillige Bettler

also

Also

also

Also

also

Der Schatten

Also

Also

also

Also

Also

also

Also

also also

Also

also

Also

Also

Das Abendmahl

Also

Also

Also

Also

Vom höheren Menschen

1

2

3

4

5

6

7

8

9

10

11

also

Also

Also

Also

Also

Also

Also

Also

also

Also

Also

also

also

Das Eselsfest

also

Also

Das trunkne Lied

Also

also

Das Zeichen

Also

Also

Also

Diagramme 1

Google Tabellen

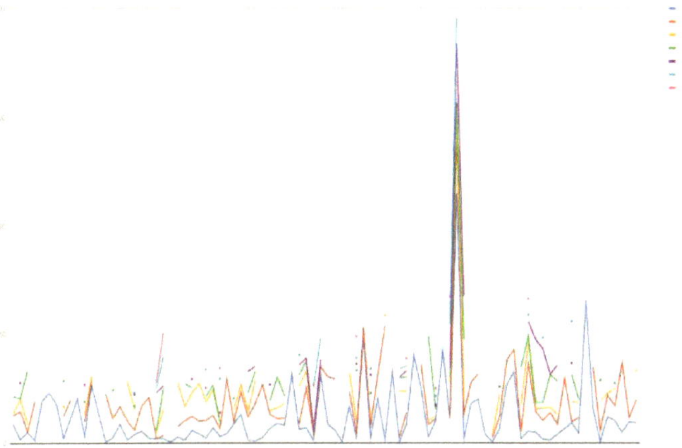

Liniendiagramm

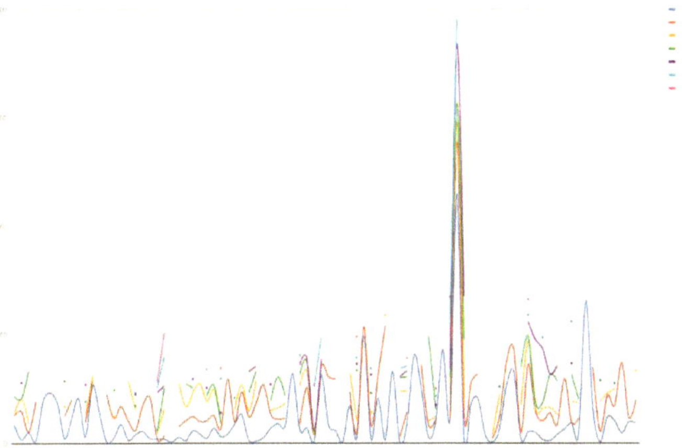

Geglättetes Liniendiagramm

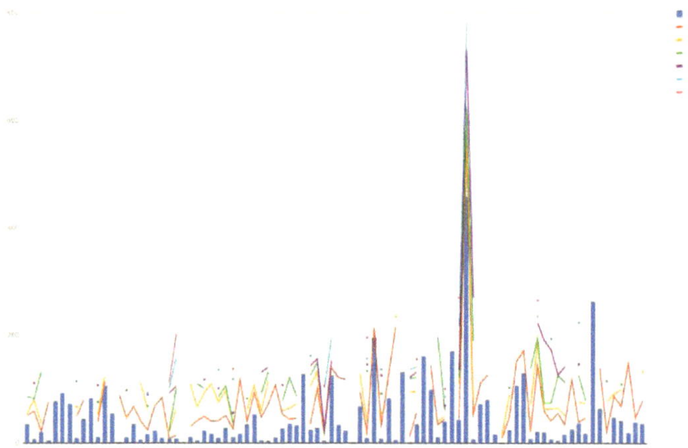

Kombinationsdiagramm

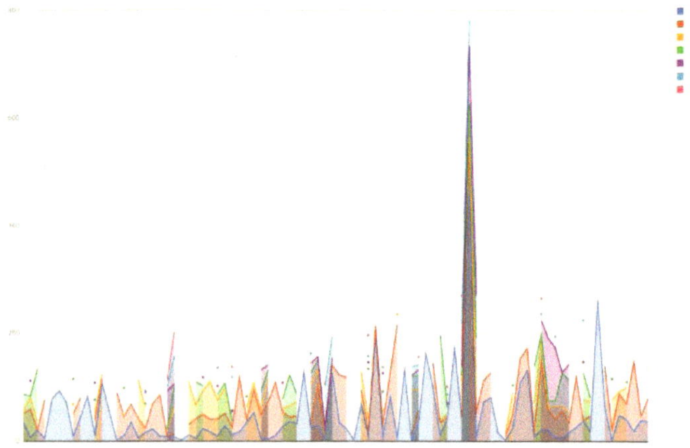

Flächendiagramm

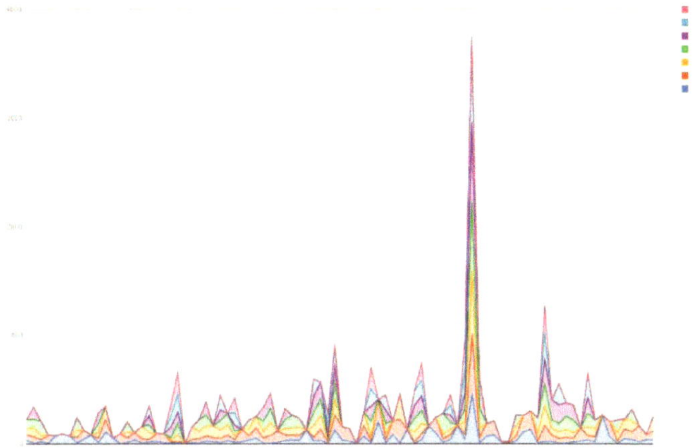

Gestapeltes Flächendiagramm

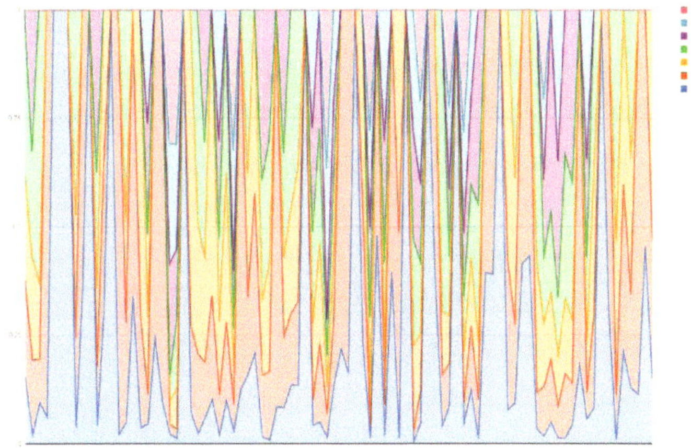

Gestapeltes Flächendiagramm (100%)

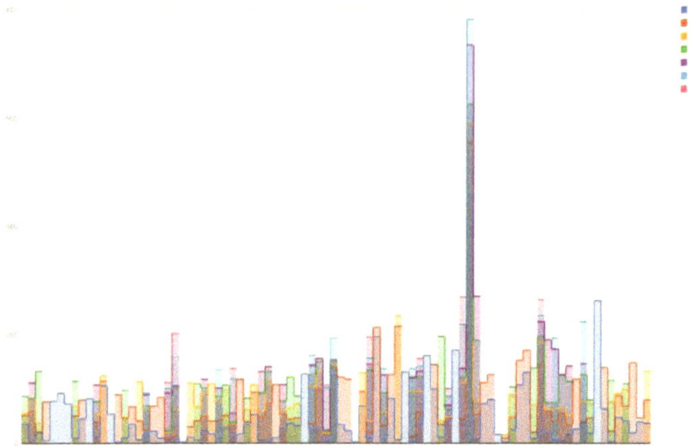

Stufen-Flächendiagramm

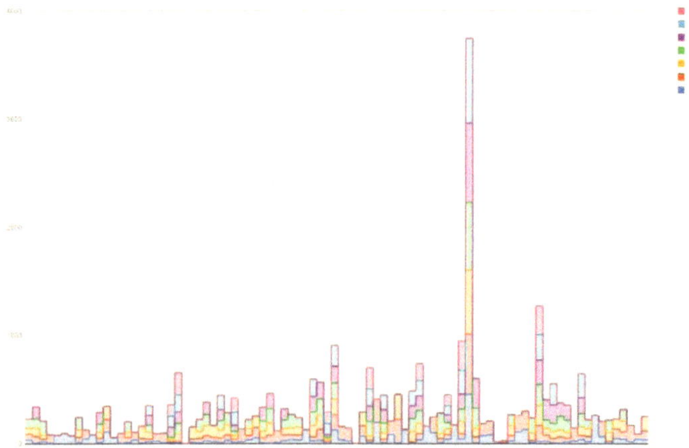

Gestapeltes Stufen-Flächendiagramm

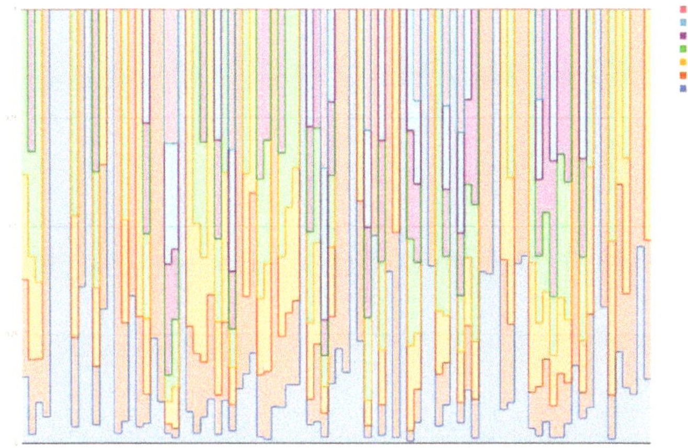

Gestapeltes Stufen-Flächendiagramm (100%)

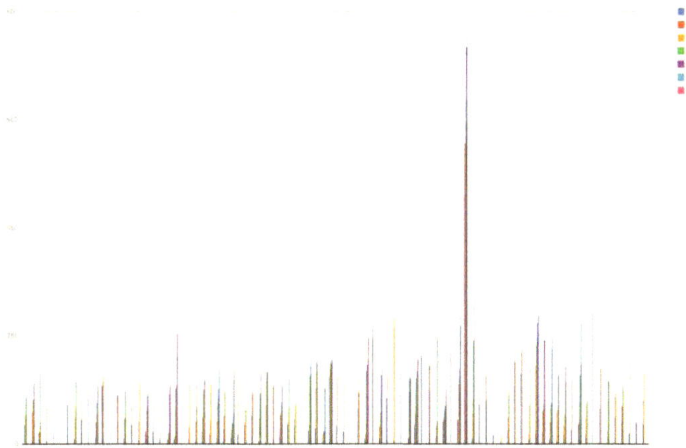

Säulendiagramm

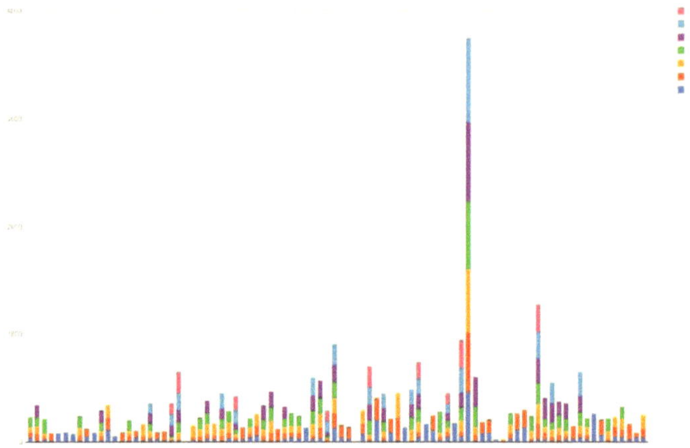

Gestapeltes Säulendiagramm

Gestapeltes Säulendiagramm (100%)

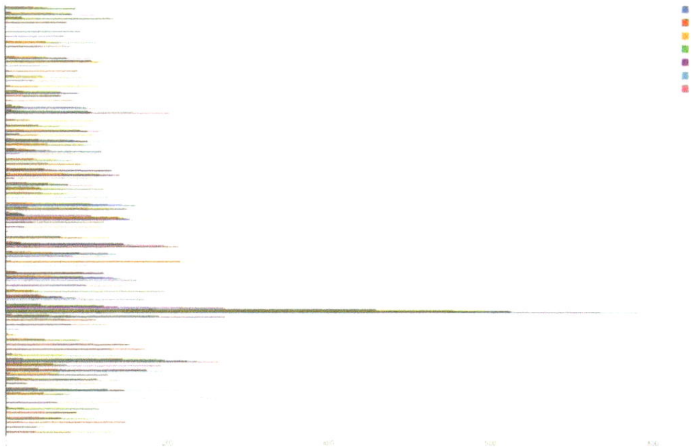

Balkendiagramm

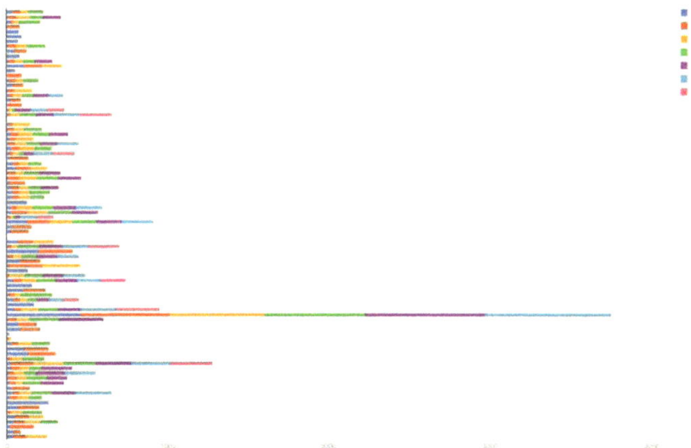

Gestapeltes Balkendiagramm

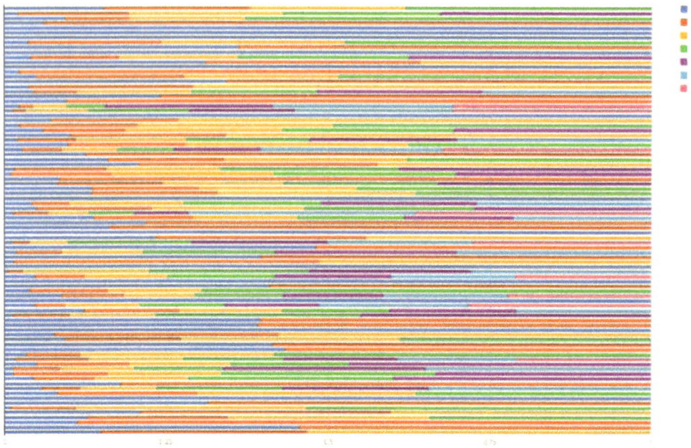

Gestapeltes Balkendiagramm (100 %)

Kreisdiagramm

Ringdiagramm

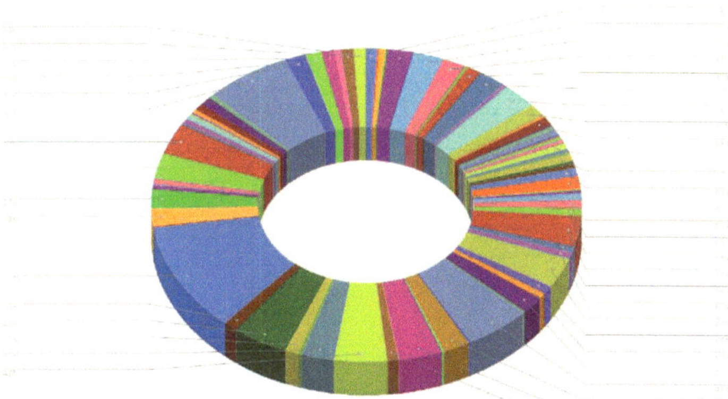

3D-Kreisdiagramm

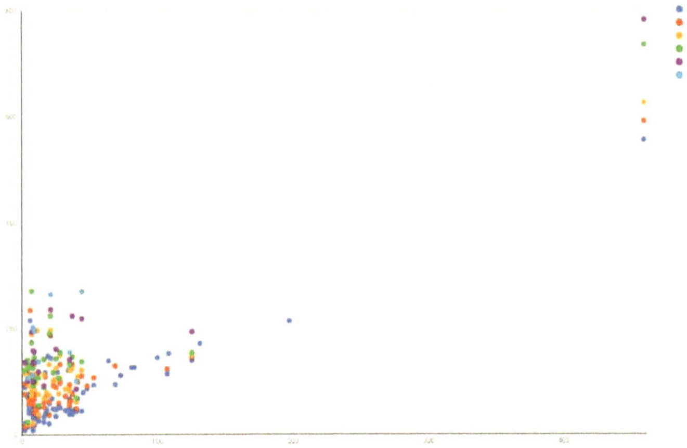

Streudiagramm

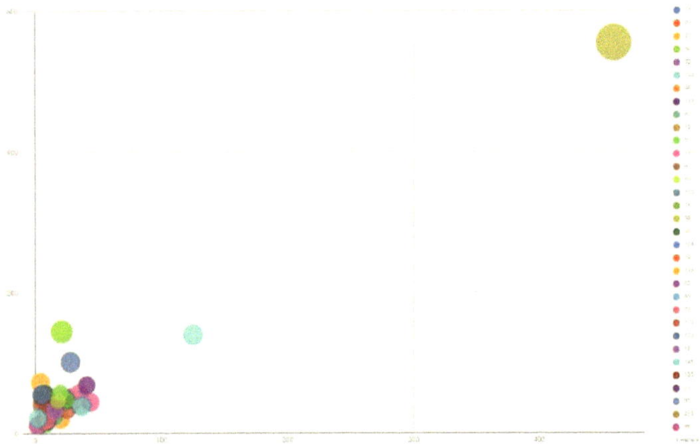

Blasendiagramm

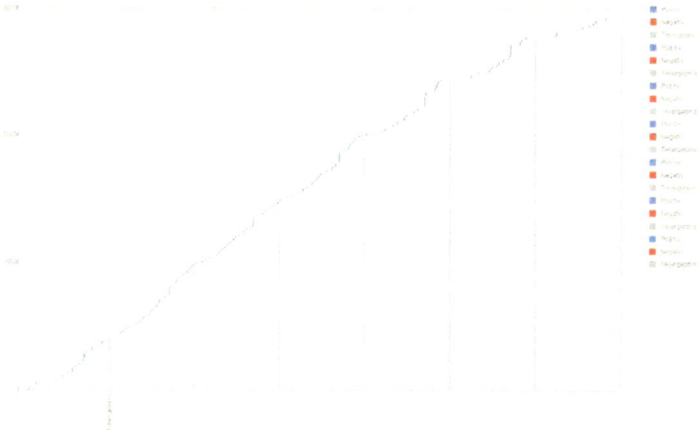

Wasserfalldiagramm

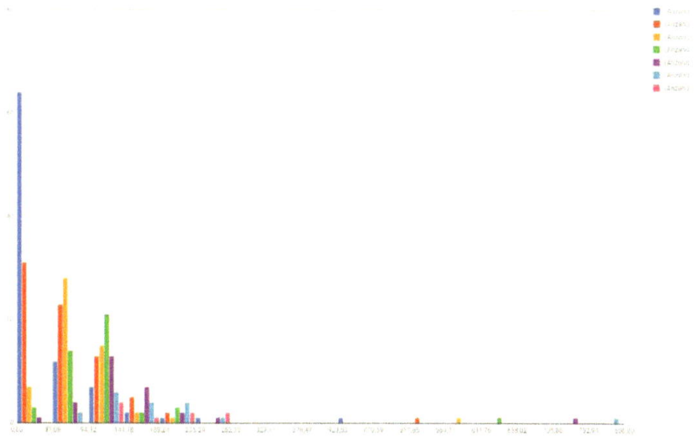

Histogramm

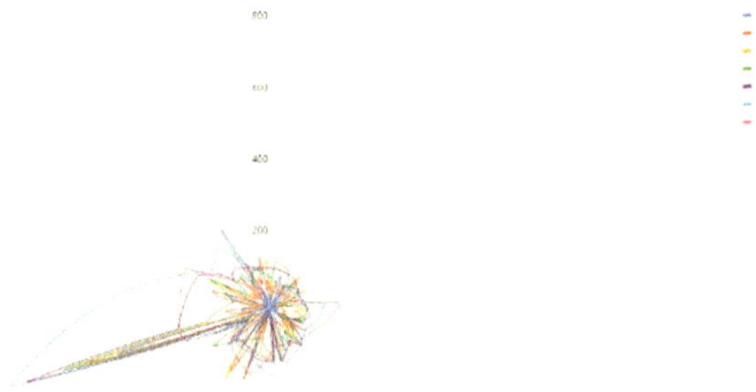

Netzdiagramm

Tachometerdiagramm

Diagramme 2

MS Excel

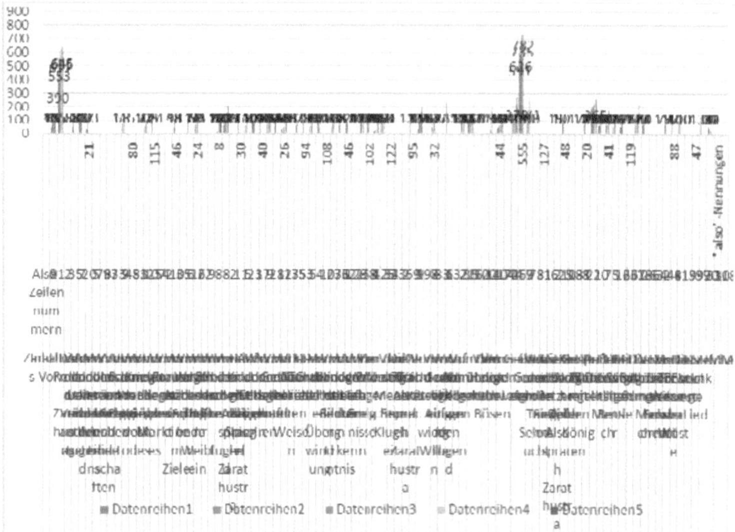
'also'-Nennungen
Datenreihen1
Datenreihen2
Datenreihen3
Datenreihen4
Datenreihen5

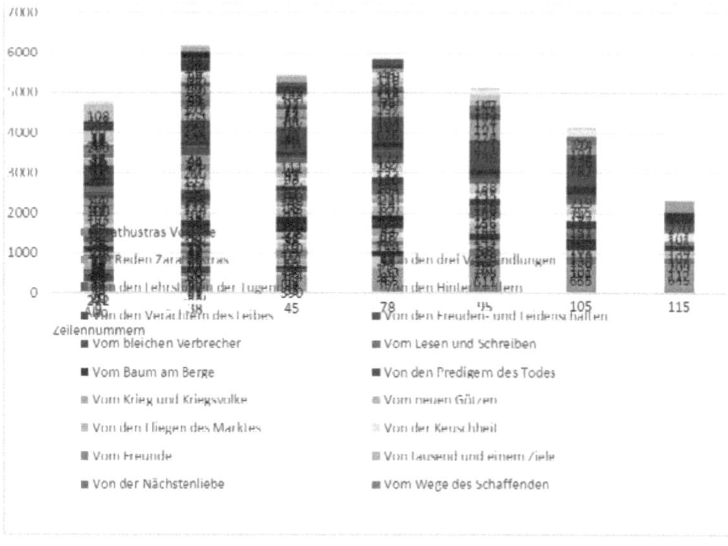
Zeilennummern
Vom bleichen Verbrecher
Vom Lesen und Schreiben
Vom Baum am Berge
Von den Predigern des Todes
Vom Krieg und Kriegsvolke
Vom neuen Götzen
Von den Fliegen des Marktes
Von der Keuschheit
Vom Freunde
Von tausend und einem Ziele
Von der Nächstenliebe
Vom Wege des Schaffenden

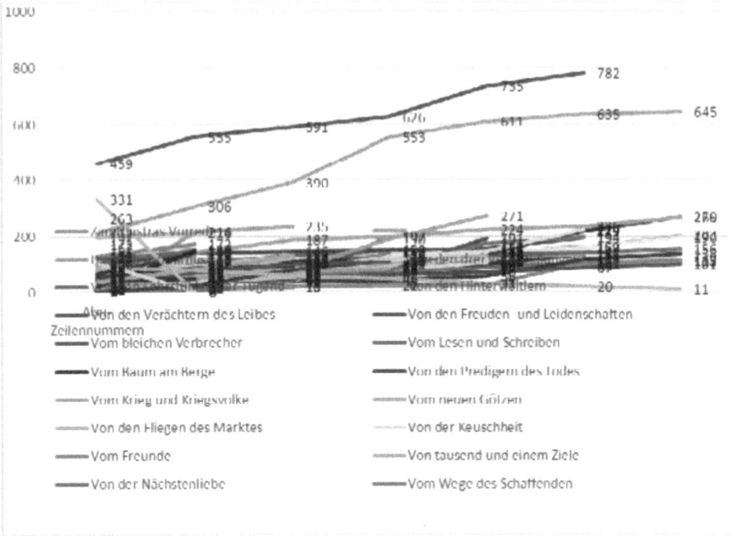
Also-Zeilennummern
Von den Verächtern des Leibes
Von den Freuden und Leidenschaften
Vom bleichen Verbrecher
Vom Lesen und Schreiben
Vom Baum am Berge
Von den Predigern des Todes
Vom Krieg und Kriegsvolke
Vom neuen Götzen
Von den Fliegen des Marktes
Von der Keuschheit
Vom Freunde
Von tausend und einem Ziele
Von der Nächstenliebe
Vom Wege des Schaffenden

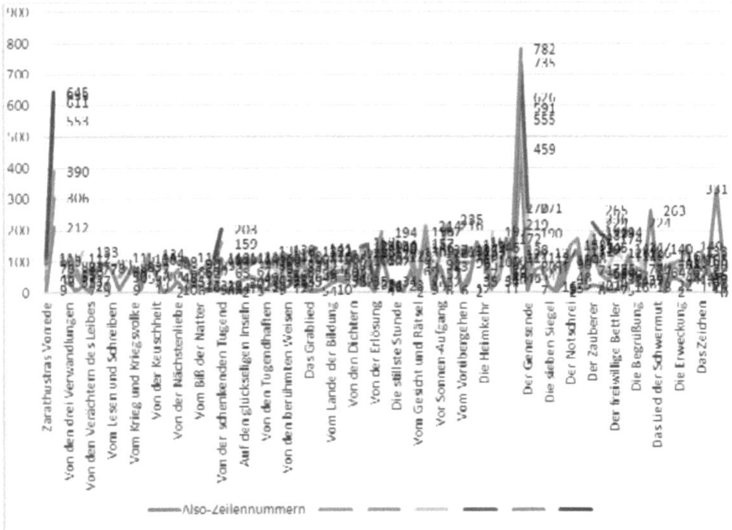
Zarathustras Vorrede
Von den drei Verwandlungen
Von den Verächtern des Leibes
Vom Lesen und Schreiben
Vom Krieg und Kriegsvolke
Von der Keuschheit
Von der Nächstenliebe
Vom Biß der Natter
Von der schenkenden Tugend
Auf den glückseligen Inseln
Von den Tugendhaften
Von den berühmten Weisen
Das Grablied
Vom Lande der Bildung
Von den Dichtern
Von der Erlösung
Die stillste Stunde
Vom Gesicht und Rätsel
Vor Sonnen-Aufgang
Vom Vorübergehen
Die Heimkehr
Der Genesende
Die sieben Siegel
Der Notschrei
Der Zauberer
Der freiwillige Bettler
Die Begrüßung
Das Lied der Schwermut
Die Erweckung
Das Zeichen
Also-Zeilennummern

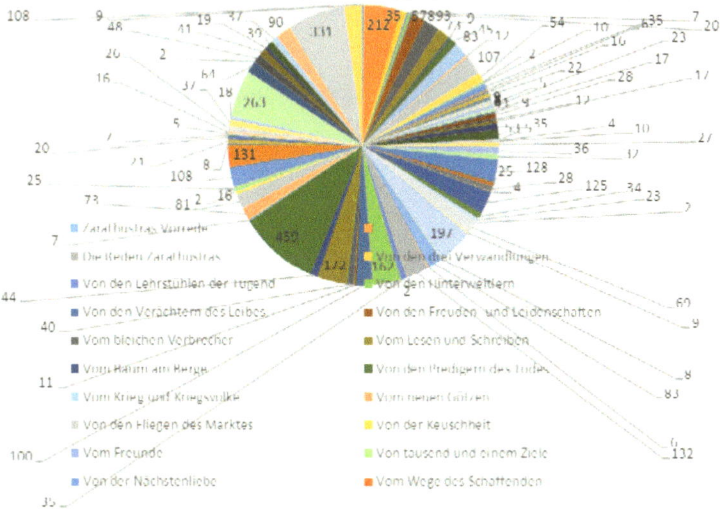
Zarathustras Vorrede
Die Reden Zarathustras
Von den Lehrstühlen der Tugend
Von den Verächtern des Leibes
Vom bleichen Verbrecher
Vom Baum am Berge
Vom Krieg und Kriegsvolke
Von den Fliegen des Marktes
Vom Freunde
Von der Nächstenliebe
Von den drei Verwandlungen
Von den Hinterweltlern
Von den Freuden- und Leidenschaften
Vom Lesen und Schreiben
Von den Predigern des Todes
Vom neuen Götzen
Von der Keuschheit
Von tausend und einem Ziele
Vom Wege des Schaffenden

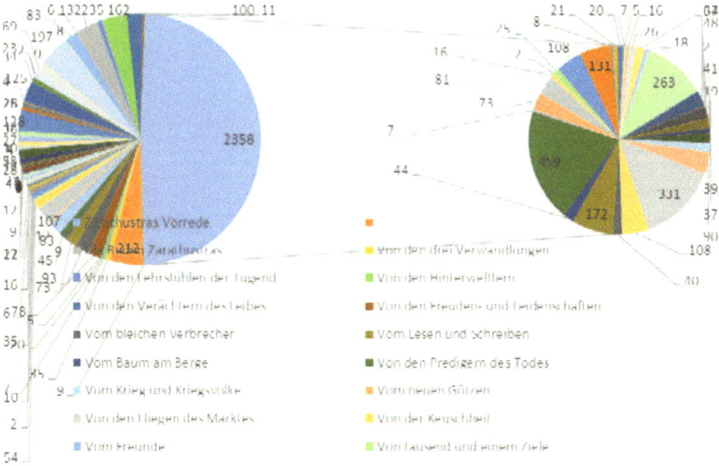
2358
Zarathustras Vorrede
Die Reden Zarathustras
Von den Lehrstühlen der Tugend
Von den Verächtern des Leibes
Vom bleichen Verbrecher
Vom Baum am Berge
Vom Krieg und Kriegsvolke
Von den Fliegen des Marktes
Vom Freunde
Von der Nächstenliebe
Von den drei Verwandlungen
Von den Hinterweltlern
Von den Freuden- und Leidenschaften
Vom Lesen und Schreiben
Von den Predigern des Todes
Vom neuen Götzen
Von der Keuschheit
Von tausend und einem Ziele
Vom Wege des Schaffenden

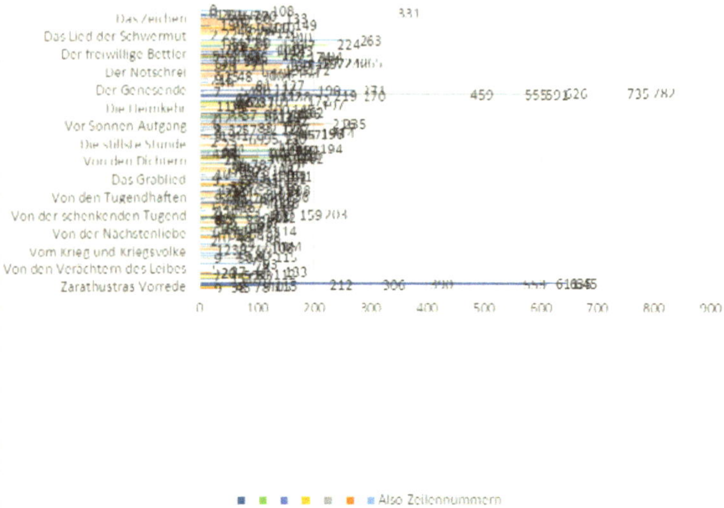
Das Zeichen
Das Lied der Schwermut
Der freiwillige Bettler
Der Notschrei
Der Genesende
Die Heimkehr
Vor Sonnen Aufgang
Die stillste Stunde
Von den Dichtern
Das Grablied
Von den Tugendhaften
Von der schenkenden Tugend
Von der Nächstenliebe
Vom Krieg und Kriegsvolke
Von den Verächtern des Leibes
Zarathustras Vorrede
0
100
200
300
400
500
600
700
800
900
Also Zeilennummern

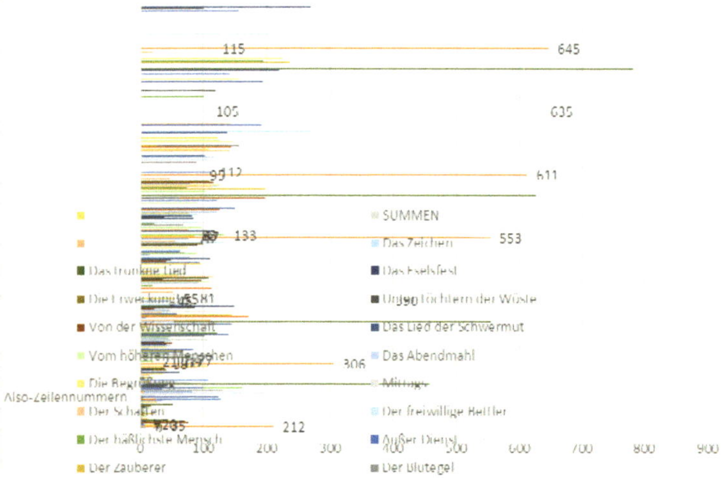
115
645
105
635
611
133
553
306
212
SUMMEN
Das Zeichen
Das trunkne Lied
Das Eselsfest
Die Erweckung
Unter Töchtern der Wüste
Von der Wissenschaft
Das Lied der Schwermut
Vom höheren Menschen
Das Abendmahl
Die Begrüßung
Mittags
Also-Zeilennummern
Der Schatten
Der freiwillige Bettler
Der häßlichste Mensch
Außer Dienst
Der Zauberer
Der Blutegel
0
100
200
300
400
500
600
700
800
900

1000
800
200
0
Zeilennummern
Von den drei Verwandlungen
Von den Hinterweltlern
Von den Verächtern des Leibes
Von den Freuden- und Leidenschaften
Vom bleichen Verbrecher
Vom Lesen und Schreiben
Vom Baum am Berge
Von den Predigern des Todes
Vom Krieg und Kriegsvolke
Vom neuen Götzen
Von den Fliegen des Marktes
Von der Keuschheit
Vom Freunde
Von tausend und einem Ziele
Von der Nächstenliebe
Vom Wege des Schaffenden
645
115

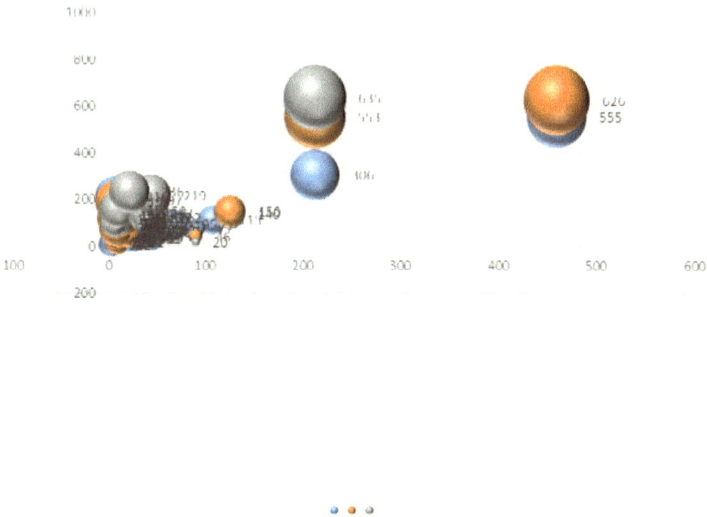
1000
800
600
400
200
0
100
0
100
200
300
400
500
600
200
555
150

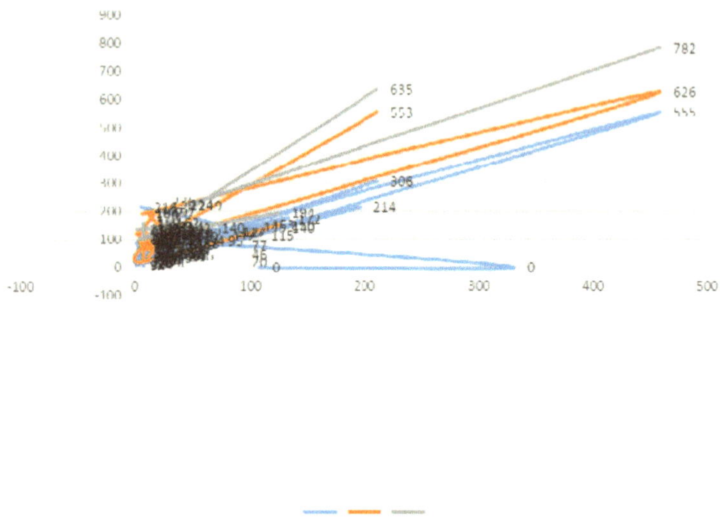
782
635
626
553
306
214
0
800
700
600
400
200
100
-100
0
100
200
300
400
500

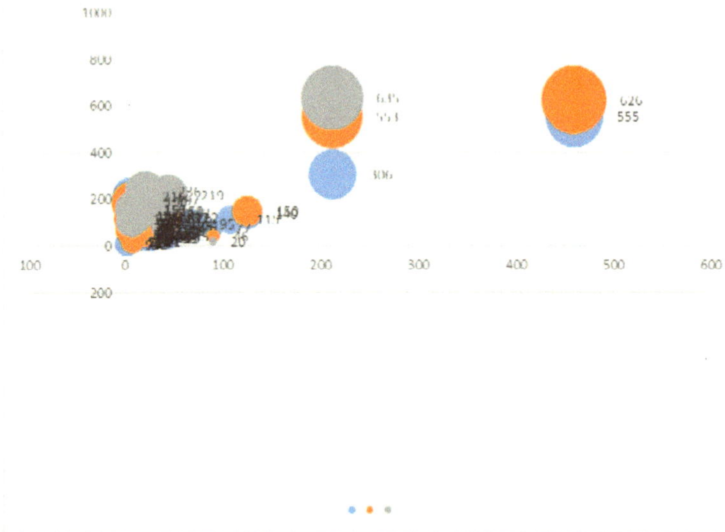
800
600
400
200
0
200
626
555
150
0
100
200
300
400
500
600

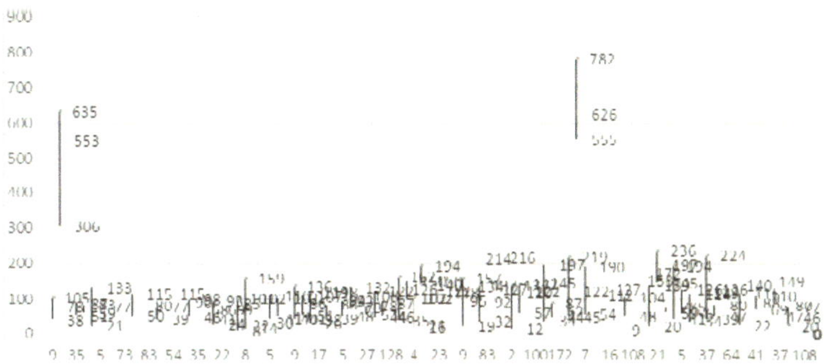

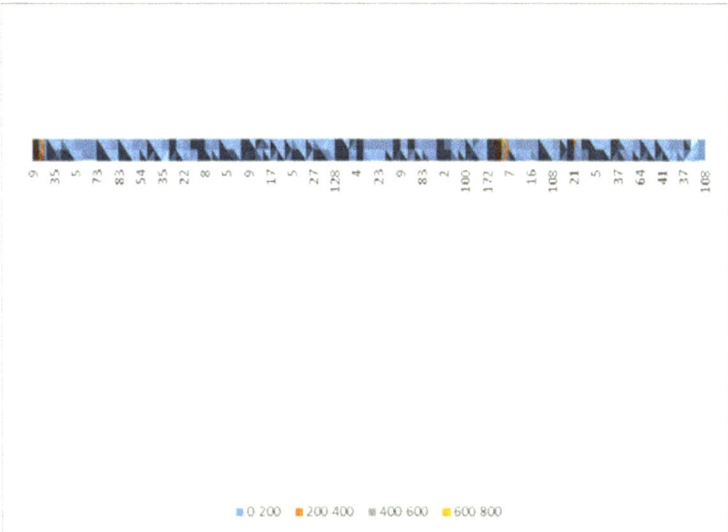
0 200
200 400
400 600
600 800

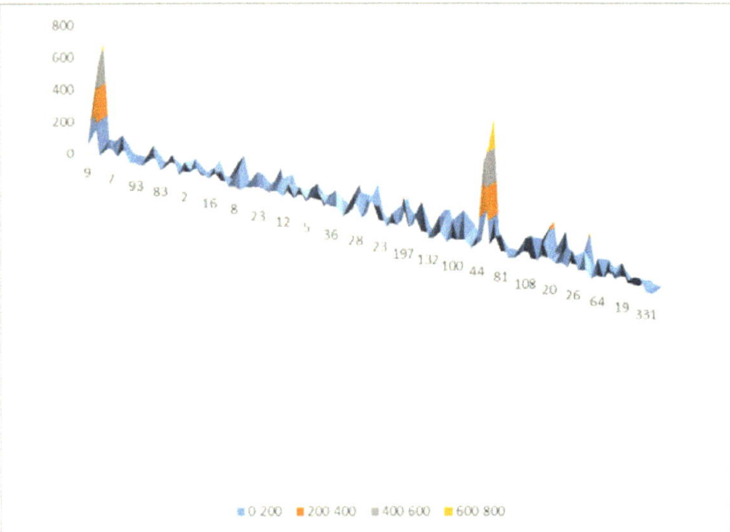
800
600
400
200
0
9 7 93 83 2 16 8 23 12 5 36 28 23 197 132 100 44 81 108 20 26 64 19 331
0-200 200-400 400-600 600-800

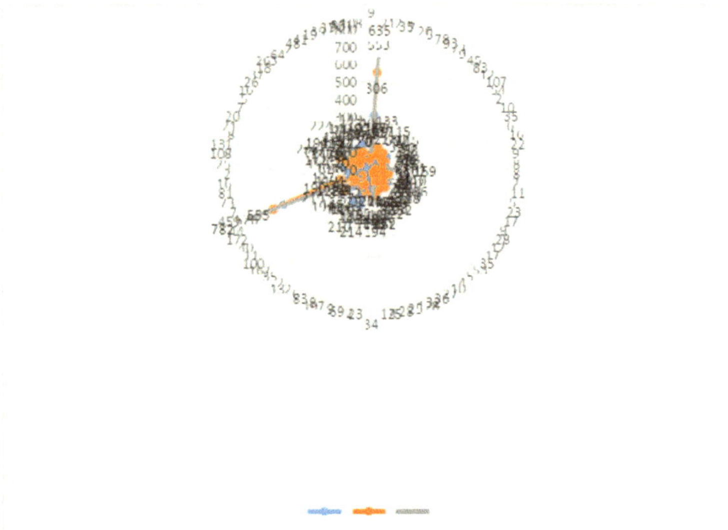

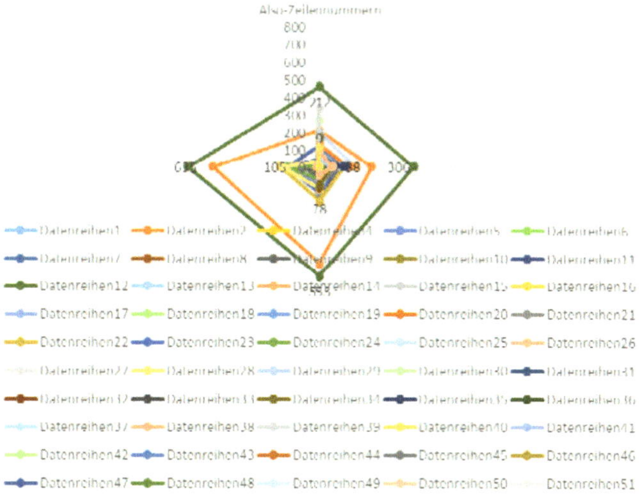
800
700
600
500
400
300
200
100
Datenreihen12
Datenreihen13
Datenreihen14
Datenreihen15
Datenreihen16
Datenreihen17
Datenreihen18
Datenreihen19
Datenreihen20
Datenreihen21
Datenreihen22
Datenreihen23
Datenreihen24
Datenreihen25
Datenreihen26
Datenreihen37
Datenreihen38
Datenreihen39
Datenreihen40
Datenreihen41
Datenreihen42
Datenreihen43
Datenreihen44
Datenreihen45
Datenreihen46
Datenreihen47
Datenreihen48
Datenreihen49
Datenreihen50
Datenreihen51

9

3.5
3
2.5
2
1.5
1
0.5
0
1
2
[9, 103]
(103, 197]

900
800
700
600
500
400
300
200
100
0
108

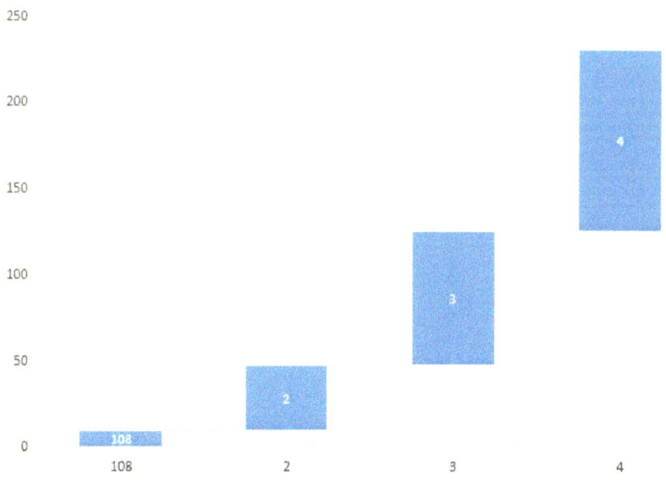

250
200
150
100
50
0
108
2
3
4

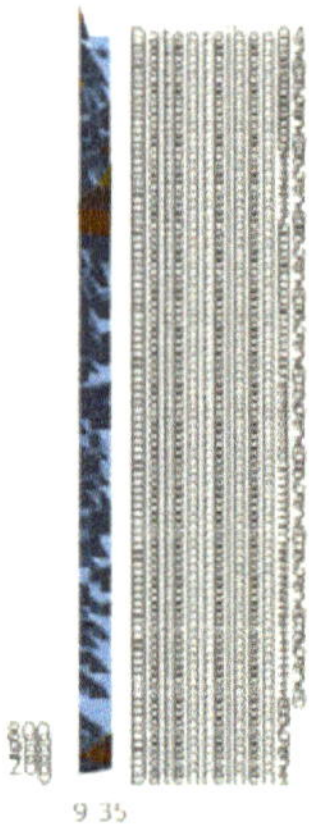

Voyant Tools

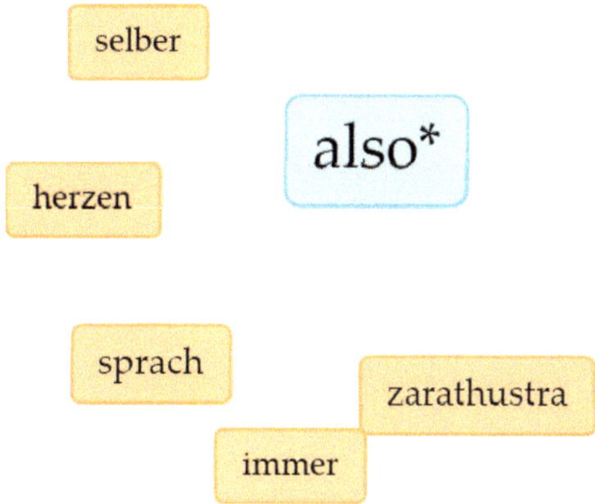
selber
also*
herzen
sprach
zarathustra
immer

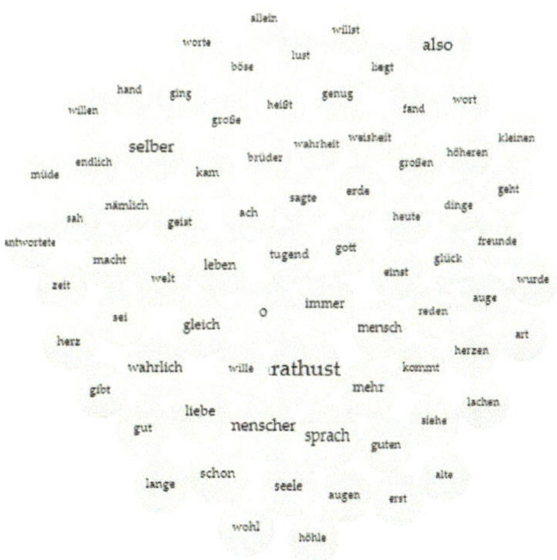
allein
willst
worte
also
lust
böse
liegt
hand
ging
genug
willen
heißt
fand
wort
große
selber
weisheit
wahrheit
kleinen
endlich
brüder
höheren
müde
großen
kam
nämlich
sagte
erde
geht
sah
ach
heute
dinge
geist
antwortete
freunde
gott
macht
leben
tugend
glück
einst
zeit
welt
wurde
o
immer
auge
sei
reden
gleich
mensch
herz
art
herzen
wahrlich
wille
rathust
kommt
mehr
gibt
lachen
liebe
siehe
gut
nenscher
sprach
guten
schon
lange
alte
seele
augen
erst
wohl
höhle

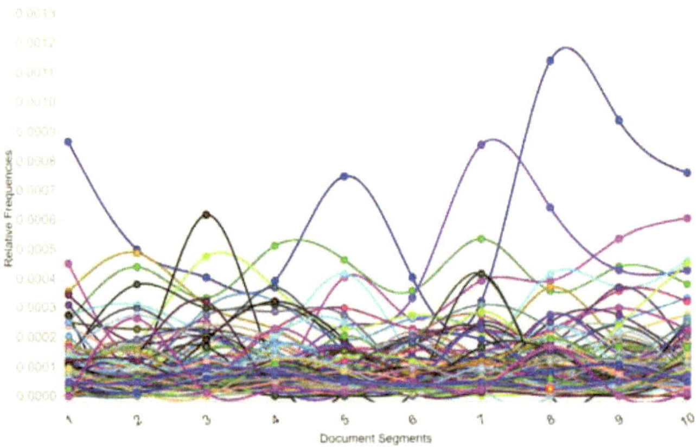
Relative Frequencies
Document Segments
1
2
3
4
5
6
7
8
9
10

Frequency	Length	Phrase	Distributions
2	2	also will	2
2	2	also wenn	2
2	2	also sollte	2
2	2	also redet	2
2	2	also nur	2
2	2	also lehre	2
2	2	also lebte	2
2	2	also ist	2
2	2	also ihr	2
2	2	also hungere	2
2	2	also heißt	2
2	2	also gibt	2
2	2	also frage	2
2	2	also fand	2
2	2	also erzählte	2
2	2	also der	2
2	2	also denkt	2
2	2	also begann	2
2	2	also aus	2
3	2	also und	3
3	2	also sich	3
3	2	also schafft	3
3	2	also rate	3
3	2	also predigte	3
3	2	also lehrte	3
3	2	also in	3
3	2	also heiße	3
3	2	also an	3
4	2	also redete	4
4	2	also rede	4
5	2	also spricht	5
5	2	also sang	5
5	2	also lehrt	5
14	2	also zu	14
26	2	also daß	26
110	2	also sprach	110

Nachwort

Vier Buchstaben für kein Halleluja

Friedrich Nietzsches «Also sprach Zarathustra» als Coffee Table Book

Von Frank Fischer

In allen, die Nietzsches «Also sprach Zarathustra» gelesen haben, dürften die adverbial gebrauchten vier Buchstaben ‹also› vieltönig nachsummen und nachklingen. «Man darf vielleicht den ganzen Zarathustra unter die Musik rechnen», schreibt ja Nietzsche auch in seiner Selbsterklärungs- und Lebensberatungsschrift «Ecce homo». Da die quantitative Nietzsche-Forschung noch nicht wirklich begonnen hat, prescht Hartmut Abendschein schon mal vor, zählt die Vorkommen und verzeichnet die Vorkommenspositionen des Wörtchens ‹also›, um sie anschließend mit One-Click-Tools zu diagrammatisieren.

Auf Grundlage der «Zarathustra»-Digitalisierung von zeno.org wurde zunächst das Werk in Microsoft Word neu gesetzt. In einem Google Spreadsheet wurde dann jedes ‹also› in einer Vorkommenstabelle verzeichnet, die im Kapitel «Zählung» präsentiert wird. Die übereinandergestapelten Zeilenhaufen im folgenden Kapitel «Dichtung» sind dann noch recht nah am Ursprungstext, auch wenn dieser in die Unleserlichkeit überführt wurde und den Anschein asemischen Schreibens erzeugt. Nur die ‹also›s springen deutlich aus dem digitalen Palimpsest hervor. Man bekommt dadurch einen recht guten Eindruck von der ‹also›-Verteilung innerhalb des Werks – eine Form visuell-poetischer Textverarbeitung, die an Projekte wie «Between the Words» von Nicholas Rougeux erinnert: Unter der Devise «Exploring the punctuation in literary classics» werden dort aus den Volltexten englischer Klassiker wie «Alice im Wunderland» nur die Satzzeichen herausgezogen und spiralförmig aufgewickelt.

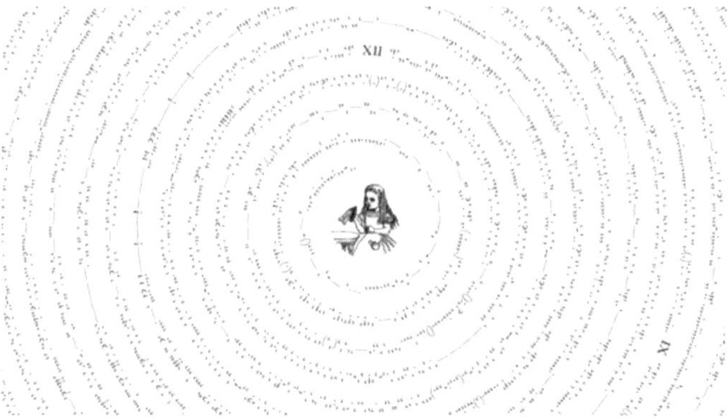

Abb.: Satzzeichenspirale, extrahiert aus «Alice's Adventures in Wonderland», von Nicholas Rougeux[1].

Der erste Visualisierungssatz für das Hauptkapitel «Diagramme» wurde im genannten Google-Dienst erzeugt. Dabei erscheinen diese Linien- und Flächendiagramme anfangs noch fast sinnvoll: In Zeile 782 des längsten Kapitels, «Von alten und neuen Tafeln», kommt etwa ein ‹also› vor, das ganz konkret sichtbar wird in den Linien, die in den Diagrammen knapp an die 800 heranreichen. Dieser einzelne Datenpunkt sticht dann auch heraus wie der Burj Khalifa aus dem Wüstensand.

Die verschiedenen Visualisierungen derselben zugrunde liegenden Story rufen sofort auch ein anderes literarisches Experiment auf, Raymond Queneaus «Exercices

---

1 URL: https://www.c82.net/work/?id=347. Vielen Dank an den Autor für die Genehmigung zum Abdruck.

de style», seine Sammlung von Stilübungen, in denen ein ausgesucht banaler Kurzplot auf 99 verschiedene Weisen erzählt wird. Beim visualisierten «Zarathustra» allerdings verliert sich recht schnell der Zusammenhang zwischen dem Text und seinen visuellen Neufassungen. Schon bei den vergebenen Farbwerten, die sich Standardschemata verdanken, kommt die Semantik an ihr Ende. Die Farben sind arbiträr und stehen in keiner direkten Beziehung zum Ausgangsmaterial.

Im Unterkapitel zu Microsoft Excel verschlechtert sich die von Edward Tufte beschworene Data-Ink-Ratio immer weiter – also das Verhältnis zwischen verwendeter Tinte und sinnvoll dargestelltem Zahlenmaterial –, bis sie in einem willkürlich gefärbten Block ihre völlige Negation findet: Nietzsches «Zarathustra» ist also himmelblau, es wird nur nicht klar, warum. Andere in Excel zusammengeklickte Diagramme wiederholen dann teilweise die Palimpseststruktur und erzeugen neue Unleserlichkeitsmomente.

Die spielerisch-unreflektierte Benutzung der Visualisierungsfunktionen demonstriert, dass aus egal welchem Zahlenmaterial immer etwas diagrammatisiert werden kann, ob sinnvoll oder nicht. Das bewusste Desinteresse an einer sinnhaften Datenvisualisierung führt zu einer visuellen Poesie, die den «Zarathustra» zu einem bunten Coffee Table Book umarbeitet.

Die «Zarathustra»-Verwurstung schließt mit einer Auflistung von Bigrammen, die die häufigsten Wörter versammelt, die auf ein ‹also› folgen. Hier verdeutlicht sich, dass das ‹also› in den Stil hineinreicht, nicht in den Inhalt des Textes. Bei computerlinguistischen Ansätzen steht ‹also› normalerweise auf den Stoppwortlisten für die deutsche Sprache, wird also wie andere kleine und hochfrequente Wörter aus themenbasierten Analysen ausgeklammert, da es nicht genug Bedeutung trägt, um den Algorithmen beim Verstehen eines Textes zu helfen. Die Bigramme helfen daher dabei, das ‹also› als wichtiges *Stil*merkmal herauszuheben.

Schauen wir doch mal, wie sich das in einer Übersetzung niederschlägt. Nehmen wir die englische von Thomas Common. Das Project Gutenberg hat ja den Zugriff aus Deutschland blockiert, weil der S. Fischer Verlag usw., also entweder man befindet sich, wie ich, in Moskau oder anderswo außerhalb des deutschen IP-Bereichs, oder man nutzt ein VPN. Und dann genügt die Kommandozeile. Zählen wir erst mal die ‹also›s in der deutschen Version:

```
[paco@umblaetterer ~]$ wget -qO-
http://www.gutenberg.org/cache/epub/7205/pg7205-images.html |
grep -ic '\balso\b'
```

Ergebnis: 336.

Die Abweichung dieser Zählung von derjenigen im vorliegenden Band (in der 331 ‹also›s verzeichnet werden) kommt dadurch zustande, dass beim Greppen der Project-Gutenberg-Quelle auch das ‹also› in den Metainformationen mitgezählt wird.

Die englische Übersetzung nun trägt den Titel «Thus spake Zarathustra». Zählen wir also das Vorkommen von ‹thus›:

```
[paco@umblaetterer ~]$ wget -qO-
http://www.gutenberg.org/files/1998/1998-h/1998-h.htm | grep -ic
'\bthus\b'
```

Ergebnis: 421.

Die höhere Zahl rührt nicht nur daher, dass der englischen Übersetzung im Project Gutenberg der Appendix beigegeben ist. Wenn man diesen weglässt, kommt man immer noch auf 396. Der Übersetzer hat das ‹thus› also nicht exklusiv als Entsprechung für das deutsche ‹also› reserviert, sondern greift auch bei anderer Gelegenheit darauf zurück. Dieser Überschuss an ‹thus› vermittelt dann beim Lesen der Übersetzung einen falschen Eindruck, es handelt sich sozusagen um einen Eingriff in die Partitur (wie dies natürlich andererseits bei Übersetzungen gar nicht anders geht).

Die Definition der Wortgrenze im regulären Ausdruck oben («\b») ist übrigens superwichtig, denn die Zeichenfolge ‹thus› kommt ja auch im Namen ‹ZaraTHUStra› selber vor, was eigentlich eine schöne Pointe ist, THUS spake ZaraTHUStra.

Im Vergleich mit der Übertragung wird also nochmals deutlich, dass sich Nietzsche davor hütet, das Wort ‹also› anders als adverbial zu gebrauchen. Im Gegensatz etwa zu Christian Kracht, dessen Roman «Faserland» ja mit demselben Wort anhebt: «Also, es fängt damit an, daß ich bei Fisch-Gosch in List auf Sylt stehe und ein Jever aus der Flasche trinke.» Ein weiteres historisches ‹also›, aber hier eben nicht als Adverb, sondern als Partikel gebraucht.

Hartmut Abendscheins visuelle Studie zielt auf die Entheiligung und Reästhetisierung eines berüchtigten Textes mit Hilfe statistischen Bestecks und einem darauf beruhenden Missbrauch von Diagrammen. Die zentrale Instanz, die Nietzsche im «Zarathustra» für tot erklärt, hat übrigens auch vier Buchstaben. Das andere *four-letter word* ;-), das ubiquitäre ‹also›, überlebt hingegen den Text. Und statt in ein Halleluja mündet es in den Großen Mittag.

Anmerkungen

„*Also sprach Zarathustra* (Untertitel *Ein Buch für Alle und Keinen*, 1883–1885) ist ein dichterisch-philosophisches Werk des deutschen Philosophen Friedrich Nietzsche. Das Buch besteht aus vier Teilen. Der erste Teil erschien 1883, der zweite und dritte 1884, der vierte 1885 als Privatdruck. 1886 veröffentlichte Nietzsche die drei ersten Teile als ‚Also sprach Zarathustra. Ein Buch für Alle und Keinen. In drei Teilen.' Im Gegensatz zu den frühen Werken Nietzsches handelt es sich beim *Zarathustra* nicht um ein Sachbuch. In hymnischer Prosa berichtet ein personaler Erzähler vom Wirken eines fiktiven Denkers, der den Namen des persischen Religionsstifters Zarathustra trägt. Nietzsche selbst nennt den Stil, in dem *Also sprach Zarathustra* geschrieben ist, halkyonisch (seelisch vollkommen) und wünscht sich Leser, die eines ‚gleichen Pathos fähig und würdig sind': ‚Man muss vor Allem den Ton, der aus diesem Munde kommt, diesen halkyonischen Ton richtig hören, um dem Sinn seiner Weisheit nicht erbarmungswürdig Unrecht zu tun'. Dass Nietzsche diese Leserschaft in seiner Gegenwart nicht gesehen hat, legt der Untertitel des Werkes nahe: ‚Ein Buch für Alle und Keinen'."[2]

Hartmut Abendschein (*1969) ist Schriftsteller und Herausgeber dieser Edition. Er lebt und arbeitet in Bern.
Frank Fischer, geb. 1977 in Weißenfels, ist Autor und Wissenschaftler. Er arbeitet als Dozent an der Higher School of Economics in Moskau.

Textgrundlage/Quelle: Friedrich Nietzsche: Werke in 3 Bd., München 1954, Band 2. Erstdrucke: Chemnitz (E. Schmeitzner) 1883 (1. und 2. Teil); Chemnitz (E. Schmeitzner) 1884 (3. Teil); Leipzig (C. G. Naumann) 1885 (4. Teil, Privatdruck); Leipzig 1892 (1. vollständige Ausgabe, herausgegeben von P. Gast, d. i. Heinrich Köselitz). Permalink: http://www.zeno.org/nid/2000925451X, Lizenz: Gemeinfrei

---

[2] https://de.wikipedia.org/wiki/Also_sprach_Zarathustra

edition taberna kritika
Neuerscheinungen 2017/18

Giuliano Musio / Manuel Kämpfer
Keinzigartiges Lexikon
ISBN 978-3-905846-49-2

Elisabeth Wandeler-Deck
Visby infra-ordinaire
ISBN 978-3-905846-48-5

Elke Heinemann
Fehlversuche
ISBN 978-3-905846-47-8

René Hamann
Die Suche nach dem Glam
ISBN 978-3-905846-46-1

Derek Beaulieu
Konzeptuelle Arbeiten
ISBN 978-3-905846-45-4

Christian de Simoni
Das Rigilied
ISBN: 978-3-905846-44-7

Ausführliche Informationen über unsere Neuerscheinungen und das Gesamtprogramm finden Sie im Internet unter http://www.etkbooks.com

edition taberna kritika
Gutenbergstrasse 47
CH - 3011 Bern
Tel.: +41 (0) 33 534 9 308
info@etkbooks.com | http://www.etkbooks.com